Frauen und ihre Katzen

Frauen und ihre Katzen

Mit einem Text von

Eva Demski

THIELE VERLAG

J.W. GODWARD. 190

Der Hund
mag wundervolle
Prosa sein, aber
nur die Katze
ist Poesie.

AUS FRANKREICH

EVA DEMSKI

Frauen und ihre Katzen

Auf den ersten Blick eine ideale Kombination: Frauen und Katzen. Beide haben als Gattung eine Menge Klischees zu tragen, was ihnen nichts ausmacht, da sich weder Frauen noch Katzen jemals als Gattung empfinden. So ist es dem jeweiligen Einzelexemplar vollkommen egal, dass die ihnen zugeschriebenen Eigenschaften widersprüchlich sind. Anschmiegsam. Widerborstig. Freiheitsliebend. Zähmbar. *Du bist wie eine Katze*, nimmt jede Frau als Kompliment. *Du bist wie ein Hund*, würde sich wohl keine gern sagen lassen.

Mein Kätzchen hören sich, jedenfalls in bestimmten Lebensphasen, viele gern nennen. Wenn sie *mein Hündchen* gerufen würden, überdächten wohl auch im Zustand größter Liebesverblendung die meisten ihre Situation.

Die Katze als Metapher

Wie entkommt man beim Zusammenspiel von Katzen und Frauen – die Katzen können natürlich auch Kater sein, auf Bildern sieht man das nicht ohne weiteres – der Befürchtung, man habe es thematisch mit Süßlichkeit, behaupteter Anmut oder ambitioniertem Kitsch zu tun?

Was haben überhaupt Tiere auf Porträts verloren? Zunächst sind sie Metaphern, der Schoßhund für Müßiggang, Jagdhund und Pferd für Einfluss und Macht, der Vogel für behauptete oder ersehnte Freiheit. Und die Katze oder der Kater? Das ist nicht ganz so

einfach, und bevor wir den Weg T. S. Eliots gehen, der die Menschheit in K und Nicht-K – Katzenmenschen und Nicht-Katzenmenschen – einteilte, muss noch ein bisschen nachgedacht werden.

Katzen in der Kunst

Katzen sind schwer abzubilden, das weiß jeder, der versucht, sie zu fotografieren. Sie mögen in einen stundenlangen Tiefschlaf versunken sein – wenn sich eine Kamera nähert, beschließen sie, aufzuwachen und sofort abzuhauen. Geduldig eingenommene Posen

werden kurz vor dem entscheidenden Klick verändert. Zeichnen lassen sie sich lieber, die Reduktion aufs Wesentliche scheint ihnen zu gefallen. Von Sempé bis Ungerer gibt's dafür wunderbare Beispiele. Der gezeichnete Katzenkörper sieht oft wie ein Schriftzeichen für Stille, Losgelöstheit, Entrücktheit aus. Oder eben wie eines für Spannung und Kampf.

Mit der Malerei verhält es sich anders. Auf niederländischen Genrebildern gleichen Katzen meistens verkleideten Hunden, es scheint auch, als sei es für die Maler der Vergangenheit schwer gewesen, für sie den richtigen Platz in den Bildern zu finden.

Das Diabolische aus der Geschichte hing ihnen noch nach, andererseits konnte man ihre Ruhe und Anmut, in dem Fall Metapher für Häuslichkeit und Geborgenheit, in vielen Kompositionen gut brauchen.

Allmählich aber, mit dem Fortschreiten der Moderne, gab es immer mehr Momentaufnahmen der Intimität, der von außen nicht ohne weiteres zugänglichen oder erklärbaren Zweisamkeit von Frau und Katze. Damit löste sich auch die Tiermetaphorik auf, die Katze, der Kater, steht für nichts als für sich selbst. Wohlfeile Assoziationen – Individualität, Unbezähmbarkeit, Freiwilligkeit der Zuneigung – mit denen Beziehungen zu Katzen

immer wieder umgeben wurden, spielen keine Rolle mehr. Im besten Fall wird das Bild ganz Bild, erzählt keine Geschichte mehr, wird zu Farbe, Fläche, Schönheit.

Die Botschaften der Bilder

Mensch und Tier tun einander nicht nur optisch gut, und ein wenig Konkurrenz ist immer dabei. Haltung, Gebärde, Lässigkeit – Frauen lernen seit eh und je von Katzen, wenn sie gut beraten sind. Es geht aber immer auch um die prekäre Sache mit der Freiheit. Man könnte durchaus sein eigentliches, ungebundenes Leben leben, wenn man sie verließe, die Wärme und mit ihr den geschützten Raum. Eben den zeigen viele der zweisamen Darstellungen, den warmen, beschützten Raum, jenes Interieur, für das einer sorgt, der man nicht selbst ist. In der Freiheit kann es ziemlich kalt sein, und Kälte mögen weder Katzen noch Frauen.

Vielleicht ist das eine der Botschaften, die solche ruhigen, den Betrachter nur selten einbeziehenden Bilder reizvoll machen – zwei Wesen, die ihre Kraft verstecken und um ihre Möglichkeiten zwar wissen, aber im dargestellten Moment nicht die geringste Lust haben, sie auszuleben. Wir könnten

ausbrechen und jagen, wir könnten wild und gefährlich sein – aber warum sollten wir? Das Raubtier schläft oder spielt, es freut sich seiner Bewegungen und lässt sich gern anschauen.

Hunde wurden oft als Individuen porträtiert, im Kasseler Schloss gibt es einen ganzen Raum voll mit teilweise sehr schönen und anrührenden Hundeporträts. Bilder von Katzen als Persönlichkeit, mit Namen und Lebensdaten sind dagegen selten. Das liegt auch daran, dass der Adel traditionell Katzen nicht schätzt. Hund und Pferd sind gleichsam berufstätige, ihm zugeordnete Tiere, denen im guten Fall Respekt gezollt wird.

Das Tier hat treu gedient, manchmal auch Zuneigung ausgelöst, nun wird ihm die Ehre der Individualität erwiesen.

Die Katze als luxusliebende Anarchistin findet in dieser Gesellschaft nur selten Platz. Sie hat kein Talent zur Untertanin und weigert sich in den meisten Fällen, Befehle entgegenzunehmen oder etwas zu lernen, das ihr unsinnig erscheint. Insubordination ist ihr eigen, wahrscheinlich gesellen Künstler sie gerade deshalb gerne zu Frauen, die ihnen etwas bedeuten.

Beziehungsgeschichten

Warum mögen Frauen Katzen? Das heißt nicht, dass es nicht auch katzenverfallene Männer gäbe, und auch nicht, dass diese besonders weiblich wären. Der legendäre Direktor des Istanbuler Hotels Pera Palas, der Syrer Muhayyesh, war das gewiss nicht, aber er beging aus Trauer um seinen Kater Mitte des vergangenen Jahrhunderts Selbstmord.

So dramatisch sind Beziehungen zwischen Frauen und Katzen selten. Die Faszination besteht in der Freiwilligkeit. Liebesbekundungen sind nicht so leicht zu haben wie von

einem Hund, Wiedersehensfreude nach kurzer oder längerer Abwesenheit ist durchaus nicht selbstverständlich, oft gibt es ein bisschen Terror und Machtkampf, aber im Großen und Ganzen herrscht die Überzeugung: Sie – oder er, der Kater – liebt mich so, wie ich bin. Katzen tun das aber nicht kritiklos wie Hunde, sondern eher abgeklärt und nicht ohne einem von Zeit zu Zeit zu verstehen zu geben, sie könnten auch anders.

Das Gefühl, beschenkt zu werden

Von einer Katze gemocht zu werden, kommt einem immer wie ein Verdienst vor. Man fühlt sich, wenn sie einem Aufmerksamkeit gewährt, erhoben. Das ist vom Stand der Katze völlig unabhängig, auch die räudigste und ausgehungertste Straßenkatze hat die Fähigkeit, einem das Gefühl zu geben, beschenkt zu werden, wenn sie die hingehaltene Schinkenscheibe aus der Hand fetzt. Es ist ein unsichtbares Fürstentum, das diese Tiere umgibt, und auf vielen Bildern umgibt es auch die Frauen. Deshalb wird die Frau – in der

Kombination mit Katze – so gern mit Erotik gleichgesetzt. Nicht mit der schwülen, voyeuristischen und damit altmodischen Sorte, sondern mit der sehnsüchtigmachenden.

Im Bild sind Frau und Tier sich selbst genug, man möchte ihnen zwar begegnen, fühlt sich aber ungebeten. Die Gruppe ist vollkommen, sie braucht niemand anderen.

Vollkommen unerheblich ist es, wer auf einem Bild die Hauptrolle spielt. Der kluge Betrachter weiß: Er wird es nicht erfahren. Es geht ihn nichts an. Das Stück, das gespielt wird, lernt er nicht kennen. Und dann, nur dann, geschieht wieder das, was Malerei und die Begegnung mit ihr ausmacht. Die

erzählte Geschichte,
der festgehaltene
Augenblick mit seinen Sehnsüchten
und Widersprüchen
verschwindet, und
es bleibt, worum es
letztlich geht: Farbe
und Form, Linie
und Fläche, Schönheit und Wahrheit.

Gott schuf die Katze,
damit der Mensch
einen Tiger zum
Streicheln hat.

VICTOR HUGO

Wenn man sich mit
der Katze einlässt,
riskiert man lediglich,
bereichert
zu werden.

·SIDONIE-GABRIELLE COLETTE

Ich bin sicher, dass
Katzen auf einer
Wolke
gehen könnten ohne
hindurchzufallen.

JULES VERNE

Auf leisen **Pfoten**

kommen sie wie Boten der Stille,
und sacht, ganz sacht, schleichen
sie in unser Herz und besetzen
es für immer mit aller Macht.

ELEONORE GUALDI

Eine Katze ist ein Wunder. Wenn sie sich
wohlfühlt, kann sie ein unbeschreibliches
Geräusch in ihrer Kehle rollen lassen –
etwas zwischen einem fernen, leisen
Gewittergrummeln, einem kleinen Güter-
zug, der weit weg in der Nacht über eine
Holzbrücke fährt, und einem Wasserkessel,
der gerade zu summen anfängt,
kurz ehe das Wasser kocht. Es ist eines der
schönsten Geräusche auf der Welt,
und man nennt es

Schnurren.

ELKE HEIDENREICH

Wo immer sich
eine Katze niederlässt,
wird sich das

Glück

einfinden.

STANLEY SPENCER

Gibt es ein
größeres
Geschenk
als die Liebe
einer Katze?

CHARLES DICKENS

Katzen
leben nicht
mit dir,
sie verweilen
bei dir.

PAMELA BROWN

Katzen sind die saubersten,
intelligentesten und
entzückendsten
Gefährten, die man
sich vorstellen kann –
außer dem Mädchen
natürlich, das du liebst.

MARK TWAIN

Wenn eine Katze
reden könnte,
würde sie
schweigen.

NAN PORTER

Ich liebe Katzen,
weil ich mein
Zuhause genieße und
sie im Laufe der
Zeit dessen sichtbare
Seele werden.

JEAN COCTEAU

Wenn du einmal ihr Vertrauen

erworben hast, ist die Katze ein

Freund fürs Leben.

Sie teilt mit dir Stunden der Arbeit,

der Einsamkeit und Melancholie und

verbringt ganze Abende auf deinem

Schoß, glücklich, bei dir zu sein.

THÉOPHILE GAUTIER

Hunde kommen,
wenn man sie ruft;
Katzen nehmen eine
Nachricht
entgegen und kommen
später auf Sie zu.

MARY BLY

MARIA

Die Katze tut nichts,
sie ist einfach da,
wie eine Königin.

CLAUDIO MAGRIS

Niemand guckt so

vorwurfsvoll

wie eine Katze,

die darauf wartet,

gefüttert zu werden.

HENRY JAMES

Mein träger Liebling,
komm heran,
und leg den Kopf
mir in den Schoß,
damit ich dir
den Nacken kos'
und deinen Samtleib
streicheln kann.

OSCAR WILDE

Nur Katzenliebhaber wissen,
dass die Pelzbekleideten
etwas Besonderes sind:
musikalische
Wärmflaschen,
die immer warm bleiben.

SUZANNE MILLEN

Warum das Leben,
das uns allen
schließlich nur einmal
geschenkt wird,
nicht mit einer Katze
verbringen?

ROBERT STEARNS

Ich stelle es mir großartig
vor, Katze zu sein. Du kommst
und gehst, wie es dir passt,
wirst gefüttert und gestreichelt.
Niemand erwartet viel von dir.
Du kannst mit den Menschen
spielen, und wenn du genug hast,
gehst du einfach weg. Du kannst
dir deinen Umgang aussuchen.
Mehr kann man nicht verlangen.

PATRICIA McPHERSON

Die Augen einer
Katze sind Fenster,
die uns in eine
andere Welt
blicken lassen.

SPRICHWORT AUS IRLAND

Sie wählen,
und sie nehmen sich
vom Sommer, am Tage
wie in der Nacht,
das Schönste.

SIDONIE-GABRIELLE COLETTE

Erziehung
bei Katzen ist ganz
einfach – nach wenigen
Tagen machst du das,
was sie wollen.

GARY COOPER

Wenn ich mit meiner
Katze spiele, wer sagt
mir dann, ob sie sich
nicht mehr über mich
amüsiert
als ich mich über sie?

MICHEL DE MONTAIGNE

Das verspielte Kätzchen,
das niedliche kleine Tigersprünge
macht, ist unendlich viel amüsanter
als die Hälfte der Menschen,
mit denen man in dieser Welt
zusammenleben muss.

LADY SYDNEY MORGAN

Die Katze springt
nicht durch Reifen
und denkt nicht
im Traume daran,
uns zu Gefallen auf
den Hinterbeinen
herumzustelzen.

ERICH KÄSTNER

Von allen
Wonnen dieser Welt
setzen Katzen
die Wärme an die
erste Stelle.

BEVERLY NICHOLS

Eine Katze ist in
ihren Gefühlen absolut
ehrlich:
Menschen können ihre
Empfindungen aus dem
einen oder anderen
Grund verbergen,
eine Katze nie.

ERNEST HEMINGWAY

Mein Mann sagte:
Ich oder die Katze!
Manchmal
vermisse ich ihn.

UNBEKANNT

Vom ästhetischen
Gesichtspunkt aus
gibt es nur zwei Dinge,
die makellos sind:

Uhren und Katzen.

EMILE AUGUSTE CARTIER

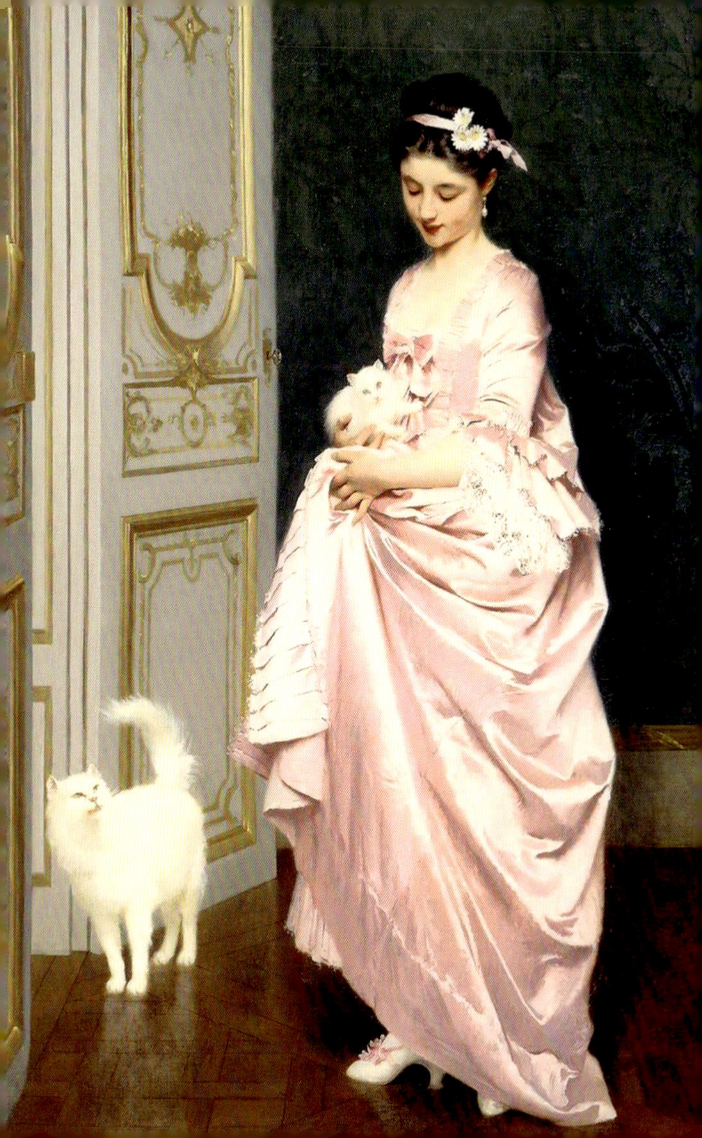

P. Gauguin, 96
TE TAMARI NO ATUA

BILDNACHWEIS

Seite 2/3 Félix Edouard Vallotton (1865-1925): Liegende Frau, mit einer Katze spielend (Privatsammlung). Seite 4/5 Leo Malempré (1860-1901): Sitzende Frau und ihre Katze (Privatsammlung). Seite 6/7 Philip Steer Wilson (1860-1942): Ein Nachmittagsschläfchen (Bridgeman Images). Seite 8 John White Alexander (1856-1915): Black und Ed (Privatsammlung). Seite 10/11 John William Godward (1861-1922): Der Liebling, 1901 (Artothek). Seite 13 Géza Faragó (1877-1928): Schlanke Frau mit einer Katze, 1913 (Renaissance Books). Seite 14 Joseph Caraud (1821-1905): Dame mit einer Katze (Privatsammlung). Seite 17 Gustave Leonhard de Jonghe (1829-1893): Dame mit verspielter Katze (Privatsammlung). Seite 18 Joseph Caraud (1821-1905): Das Wollknäuel, 1863 (Privatsammlung). Seite 20 Pierre-Auguste Renoir (1841-1919): Frau mit Katze. Seite 22 Juan Cordero (1822-1884): Portrait einer Frau mit Katze (Privatsammlung). Seite 24 Leonard Campbell Taylor (1874-1969): The Rain It Corneth Every Day, 1906 (Bridgeman Images/Bildrecht). Seite 26 Ernst Ludwig Kirchner (1880-1938): Artistin (Marcella), 1910 (Brücke-Museum, Berlin). Seite 29 Christian Krohg (1852-1925): Das Mädchen mit den Katzen (Bridgeman Images). Seite 30 Carl Holsøe (1863-1935): Interieur mit einer Frau, die ihre Katze füttert (Privatsammlung). Seite 33 Charles Burton

Barber (1845-1994): Lesendes Mädchen, abgelenkt durch eine Katze (Privatsammlung). Seite 34/35 Carl Larsson (1853-1919): Die Brücke (akg images). Seite 36/37 Philip Wilson Steer (1860-1942): Hydrangeas (Detail, Bridgeman Images). Seite 39 Helen Allingham (1848-1926): Das Treppenhaus, Whittington, Gloucestershire (Privatsammlung). Seite 40 Carl Holsøe (1863-1935): Eine Schale Milch (Privatsammlung). Seite 42 John Arthur Malcom Aldridge (1905-1983): Lady mit einer Katze, um 1950 (Fry Art Gallery, Saffron Walden (Bildrecht). Seite 45 Philippe Mercier (1689-1760): Mädchen, eine Katze haltend (National Gallery of Scotland, Edinburgh). Seite 47 Scott de Evans (1847-1898): Die Künstlerin und ihr Modell, 1891 (Privatsammlung). Seite 48 Charles Landelle (1821-1908): Bauernmädchen mit Kätzchen (Bridgeman Images). Seite 51 Henri Matisse (1869-1954): Mädchen mit schwarzer Katze, 1910 (Bildrecht). Seite 52 John White Alexander (1856-1915): Das grüne Kleid (Privatsammlung). Seite 55 Marcus Stone (1840-1921): Das Buch (Bridgeman Images). Seite 56 Pierre-Auguste Renoir (1841-1919): Frau mit einer Katze (National Gallery of Art, Washington). Seite 58/59 Félix Edouard Vallotton (1865-1925): Die Faulheit, 1896 (Bridgeman Images). Seite 61 Franz Marc (1880-1916): Mädchen mit Katze II, 1912 (Franz Marc Museum, Kochel am See). Seite 62 Lilian Westcott Hale (1881-1963): Agnes (Bridgeman Images/Bildrecht). Seite

64/65 Even Ulving (1863-1952): Strickende Frau am Kamin (Bildrecht). Seite 66 Helmut Leutert-Müller (1892-1973): Rote mit Katze, 1949 (Privatsammlung). Seite 69 Charles Edouard Boutibonne (1816-1897): Unentschlossener Moment, 1869 (Privatsammlung). Seite 71 Philip Wilson Steer (1860-1942): Mädchen mit Katze (Bridgeman Images). Seite 72 Edward John Poynter (1836-1919): Abend zuhause (Privatsammlung). Seite 75 Pierre-Auguste Renoir (1841-1919): Schlafendes Mädchen mit Katze (Bridgeman Images). Seite 77 Louis Anquetin (1861-1932): Frau mit einer Katze, 1893 (Privatsammlung). Seite 78 Walter Crane (1845-1915): Zuhause, 1872 (Leeds Museum and Galleries). Seite 81 Pierre Bonnard (1867-1947): Frau mit einer Katze, 1912 (Musée d'Orsay, Paris). Seite 82 Pierre-Auguste Renoir (1841-1919): Julie Manet mit Katze. Seite 85 Suzanne Valadon (1865-1938): Frau mit einer Katze, 1920 (Privatsammlung). Seite 86 Berthe Morisot (1841-1895): Junges Mädchen mit Katze, 1892 (Bridgeman Images). Seite 88 John Frederick Lewis (1805-1876): Haremsleben (Laing Art Gallery, Newcastle-upton-Tyne). Seite 91 Cecilia Beaux (1855-1942): Sita und Sarita, um 1921 (National Gallery of Art, Washington). Seite 92 Ford Madox Brown (1821-1893): Der Nasenstüber (Ashmolean Museum, University of Oxford). Seite 95 Valentine Cameron Prinsep (1838-1904): May Prinsep und ihre Katze (Watts Gallery, Compton, Surrey). Seite 96 John William Godward (1861-1922): Müßiggang, 1900 (Privatsammlung). Seite 98/99 Alfred Carlton Smith (1853-1946): Mußevolle Augenblicke (Privatsammlung). Seite 100 Harry Wallace (um 1886-1891): Auf den Stufen, 1886 (Bridgeman Images). Seite 103 Jean-Baptiste Perronneau (1717-1783): Ein Mädchen mit einem Kätzchen, 1743. Seite 104 George Dunlop Leslie (1835-1921): Ihr bevorzugter Platz (Privatsammlung). Seite 107 François Boucher (1703-1770): Frau mit einer Katze, um 1735 (Fine Arts Museum of San Francisco). Seite 108 Édouard Manet (1832-1883): Frau mit Katze (Madame Manet), 1880 (National Gallery, London). Seite 111 Joseph Caraud (1821-1905): Die Katzendame (Privatsammlung). Seite 112/113 Édouard Manet (1832-1883): Liegende junge Frau in spanischem Kostüm, 1863 (Yale University Art Gallery, New Haven). Seite 114/115 Paul Gauguin (1848-1903): Te tamari no atua (Geburt des Gottessohnes), 1895-1896 (Neue Pinakothek, München). Seite 116/117 Emile Alfred Dezaunay (1854-1940): Tea Time, um 1900 (Galerie L'Ergastère, Paris). Seite 118/119 Pierre Bonnard (1867-1947): Lunch mit Katze, 1906 (Privatsammlung). Seite 120/121 Wladislaw Slewinski (1856-1918): Schlafende Frau mit einer Katze (Privatsammlung). Seite 122 Carl Larsson (1853-1919): Liegende Frau auf einer Bank, 1913 (Musée du Louvre, Paris).

ISBN 978-3-85179-519-6

Text von Eva Demski
Bildauswahl von Johannes Thiele
Gestaltung und Satz von Christina Krutz
Coverbild von Carl Larsson:
Liegende Frau auf einer Bank, 1913,
Musée du Louvre, Paris
Druck von Longo, Bozen

www.thiele-verlag.com